Mentalidad de Administración del Dinero

7 Estrategias Para El Manejo Financiero

Israel Duran

ISRAEL DURAN
Become The Solution

Descargo de responsabilidad: El autor y editor de este libro y los materiales que lo acompañan han hecho todo lo posible para preparar este libro. El autor y el editor no hacen ninguna representación o garantía con respecto a la exactitud, aplicabilidad, adecuación o integridad de los contenidos de este libro. La información contenida en este libro es estrictamente para fines educativos. Por lo tanto, si desea aplicar las ideas contenidas en este libro, está asumiendo toda la responsabilidad por sus acciones.

Israel Duran & Associates, LLC

Visite nuestros sitios web:
www.israelduran.com
www.israelduran.org

ISBN: 978-0-578-21245-6

Contenidos

Introducción

¿Estás en deuda y luchando para pagar las cuentas? ¿Deseas tener más tiempo para hacer las cosas que te gustan hacer? ¿Estás luchando para manejar tus finanzas y deseas ayuda adicional? si respondiste sí a alguna de estas preguntas, entonces este libro es el indicado para ti. Cerca del 80% de la población de Estados Unidos está en deuda; muchos de ellos enganchados en deudas masivas e incapaces de superarla por falta de educación financiera. No puedes aplicar a tu vida lo que no conoces o puedes entender. Si hubiese sabido que conociendo acerca de manejo financiero, probablemente hubiese tomado otra ruta para perseguir una educación superior, en lugar de acumular deudas de préstamos. Con una licenciatura en justicia criminal y una maestría en seguridad cibernética, les aseguro que conozco acerca de deudas de préstamos estudiantiles.

Creciendo nadie me enseñó sobre como evitar las malas deudas o los principios de getsión financiera. Quzás puedas identificarte. Muchos de los principios que voy a compartir en este libro han sido desde mis experiencias de aprendizaje y fallas. Un hombre una vez dijo "Algunas veces ganas, otras aprendes". En la vida, los retos son oportunidades, aprendizajes que pueden prepararte para la grandeza.

Hoy, hay un problema creciente que yo llamo el ciclo de la deuda. El ciclo de la deuda es una trampa que consiste en meterse en más y más deuda sin ser capaz de pagarlas. Yo creo que parte de este ciclo de deuda se debe a la falta de educación y conocimiento con respecto al manejo financiero. En este libro, mi deseo es proveerte con algunas estrategias para el desbloqueo del éxito financiero que pueda equiparte en el manejo de tus finanzas y últimamente ayudarte a alcanzar tus metas financieras.

Muchas familias están luchando debido a la falta de educación financiera. En el 2018, las deudas de las tarjetas de crédito de los americanos continúan incrementándose, alcanzando un estimado de 927$ millardos, más de un 5% de incremento desde el año previo. Es sorprendente observar que el hogar promedio que tiene deudas de tarjetas de crédito tiene un saldo de 15.482$. En promedio, los hogares con cualquier tipo de deudas poseen 134.058$ (incluyendo hipotecas). Los préstamos estudiantiles continúan incrementando, así como el promedio de deuda por Americano es de 46,950$. Es claro que se necesita hacer algo, de manera de ayudar a individuos y familias a salir de las deudas incobrables y a manejar sus finanzas.

Tipo de deuda	**Total adeudado por el hogar promedio de los Estados Unidos. Que tiene este tipo de deuda**	**Deuda total adeudada por los consumidores estadounidenses**
Tarjetas de crédito	$15,482	$927 mil millones
hipotecas	$181,176	$9 billones
Préstamos de auto	$27,669	$1.24 billones
Préstamos estudiantiles	$46,950	$1.41 billones
Cualquier tipo de deuda	$134,058	$13.29 billones

Los saldos de deuda están actualizados a partir de junio de 2018. Fuente: NerdWallet.Com

CAPÍTULO 1

Una Estrategia para el Entendimiento del Dinero

Si creciste en América, las posibilidades son que tú probablemente no recibiste ninguna educación financiera. Esto es debido al defectuoso sistema educativo que América a desarrollado. Es importante notar que la mayoría de las escuelas en América no enseñan educación financiera. El centro es enseñarte en cómo obtener un empleo. En otras palabras, el sistema de educación en América enseña a los estudiantes a ser esclavos al trabajo, a trabajar por dinero. Yo dejo una pregunta para ti; ¿Realmente quieres trabajar para alguien más toda tu vida? Si no, entones la educación financiera será extremadamente beneficial para tu propio desarrollo, de manera de alcanzar tus metas de vida.

Debido a estos defectos en el sistema educativo, es muy raro ver a alguien que maneje bien sus finanzas en una edad temprana, a menos que sus padres le enseñaran durante su crecimiento. Como sea, los padres quienes enseñan a sus hijos sobre finanzas son minoría. Hay más personas que crecen en hogares donde los padres no son financieramente educados o tiene problemas manejando sus propias finanzas. Por ejemplo, hay muchos en América que tienen padres inmigrantes que trabajan fuerte, laborando por 20 o 40 años y después de eso no tienen nada o poco que mostrar. Es la falta de educación o la ignorancia que lleva a las personas a tomar decisiones incorrectas en ciertas áreas de la vida. Por lo tanto, es importante cuando alguien habla acerca de manejo financiero para claramente definir la función del dinero. La primera estrategia es simplemente educar en función del dinero. Definiendo la función del dinero, afortunadamente te dará una visión en cómo funciona el dinero. Como resultado, te equipamos para manejar mejor tus finanzas.

¿Cuál es la **Función del Dinero?**

En el mundo de hoy, no hay nada que el dinero no pueda contestar. Probablemente has escuchado el dicho "No hay nada que el dinero no pueda comprar". La razón por la que uso la palabra "Contestar" en lugar de "compra" es porque el dinero es usado en el mercado por personas para intercambiar bienes y servicios. La "función del dinero" siempre ha estado alrededor. La "función del dinero" es anterior a la fecha en que la moneda entró en uso.

En civilizaciones actuales, las personas negociaban bienes y recursos como maíz, tomates y trigo, a cambio de otros bienes o servicios. La función del dinero era un trabajo, aún cuando el dinero, como conocemos hoy día, no lo era. En el Mercado algunos negociarían animales por especias o especias por animales. La función del dinero estaba trabajando con recursos, pero en la civilización de hoy, usamos papel moneda. Seguimos viendo una forma de negociación de recursos como comida, agua, pero la mayor parte, en días actuales y años, el dinero es usualmente negociado por recursos y servicios.

Es importante definir la función del dinero cuando buscamos entender el mismo dinero. Como vemos en el mundo actual, el dinero está allí para proveer bienes y servicios a la humanidad. Si no hubiese dinero en el mundo, las cosas serían caóticas. Pero porque el dinero está en el mundo, este ayuda a los gobiernos a gobernar y mantener a las personas en orden, para vivir vidas estables. Por ejemplo, América es una nación capitalista, tienes el derecho de trabajar para alcanzar el éxito financiero. Este éxito financiero no sería posible si el dinero no fuese parte de la sociedad.

Los Dos Extremos del Dinero

Cuando pienso en los extremos del dinero, pienso acerca de tener el balance correcto. El balance es algo que todos necesitamos en la vida. Sin él, es muy fácil ir a un extremo. Los extremos pueden impedirnos el desarrollo de nosotros mismo e ir hacia adelante en la vida. Es por eso que, en las siguientes páginas, ilustraré los dos extremos del dinero, ambos de los cuales están arraigados en la naturaleza humana. Una vez que entiendas estos dos extremos, los cuales están enterrados en tu subconsciente o consiente, estarás mejor equipado para evitarlos. Otra vez, la meta de superar estos dos extremos es para administrar mejor tus finanzas.

Primer Extremo – El Dinero es la Raíz de todo Mal

¿Alguna vez has escuchado a alguien decir, "El dinero es la raíz de todo mal"? probablemente lo has escuchado. Pero desafortunadamente, a menudo las personas malinterpretan este versículo de la biblia. En realidad, dice que **"El amor por el dinero es la raíz de todo mal".** El dinero propiamente es inofensivo, neutral, y usualmente tiene forma de papel, el cual proviene de árboles. Pero el amor o codicia por el dinero es lo que lleva a las personas a hacer cosas horribles para obtenerlo o acumularlo. Parte de esto es debido a la falta de entendimiento que las personas tienen con respecto al dinero. Las personas que aman el dinero no entienden la función del dinero como se escribió anteriormente. Esta falta de entendimiento e ignorancia es lo que causa que las personas cometan cosas horribles por el dinero. Este es el primer extremo del dinero que necesita ser evitado si uno desea superar la deuda, uno tiene que ser libre del "amor por el dinero".

Segundo Extremo- La Mentalidad de Pobreza

El otro extremo del dinero que debe evitarse es abrazar la pobreza o la falta de dinero como algo que es bueno. La mentalidad de pobreza está de alguna manera incrustada en nuestra cultura actual. Es el otro extremo el que impide a las personas administrar sus finanzas adecuadamente. Asume que toda persona rica es mala. Con esta falsa perspectiva en la mente de muchos, es difícil para muchos librarse de esta mentira que les impide ser libres financieramente. Las personas con mentalidad de pobreza creen que no hay suficiente dinero en el mundo para todos. Esto simplemente no es cierto.

Hay un versículo de la biblia que dice que en la forma que juzgues a otros serás juzgado. La pobreza mental lleva a las personas a juzgar y a decir cosas horribles sobre las personas que tiene dinero, causándoles el estar enlazado con sus propias palabras. Imagina una persona que habla pobremente de una persona rica, afirmando que ellos deberían regular todo ese dinero. Como este individuo libera todos estos pensamientos y juzgando, se limitan a ellos mismos de ser también financieramente saludables. Por ejemplo, todos hemos escuchado a alguien decir algo sobre la riqueza como "Ellos deberían hacer esto o aquello con el dinero". No hay duda de que ellos están luchando con sus finanzas. Es por eso que es importante renovar tu mentalidad de esta falsa perspectiva. Este extremo es el que causa por la que las personas desperdicien o hagan mal uso de su dinero.

Lo que Sea que No Puedes Manejar

Ambos extremos tienen un resultado común. Esta salida es el número de razones por que muchos individuos están fracasando en el manejo correcto de sus finanzas. Este resultado es lo que llamo "el irrespeto al dinero". Ambos extremos, tener amor por el dinero o amparar la pobreza, produce un irrespeto al dinero en la vida de uno. Cuando alguien pierde el respeto por algo, pierde el valor para ese individuo. Cuando algo pierde el valor para alguien, ese individuo eventualmente fracasará para dirigirlo, **lo que sea que no puedas dirigir, lo perderás.** Si no manejas tus finanzas te encontrarás a ti mismo entre deudas, sin bienes, y probablemente estresado. Es por esto que es importante entender correctamente el dinero y su función. Es necesario superar la ignorancia que lleva a las personas a administrar mal dones, talentos y el dinero en sus vidas. En otras palabras, necesitas desarrollar el respeto por el dinero, no el amor por el dinero, para que pueda administrarlo correctamente.

Renueva tu Mente Sobre el Dinero

Renovar tu mente sobre cualquier cosa en la vida es el primer paso para cambiar correctamente un mal comportamiento. Puedes ver entonces el porqué tuve que sentar correctamente las bases antes de ir entre algunos principios y estrategias que puedan ayudarte a alcanzar el éxito financiero. La pobreza del manejo financiero tiene poco que ver con el dinero que estás haciendo, este empieza con tu mentalidad.

Cada millonario hecho por su cuenta manejó correctamente sus finanzas para llegar a donde están. Muchos millonarios comenzaron completamente quebrados, demostrando que su mentalidad es más importante que las circunstancias. Es desafortunado que muchas personas estén subconsciente o conscientemente teniendo pensamientos sobre el dinero que crean un irrespeto por el dinero en sus vidas, el cual los lleva al mal manejo del mismo. Cambiemos eso por convertirnos en la solución al pobre manejo escogiendo el manejar los dones, talentos, y dinero que llega a nuestras vidas.

CAPÍTULO 2

Una Estrategia para Fijar Metas Correctas

Había un chico que fijó una meta para ganar un campeonato de carrera para su difunto padre. Este joven tenía pasión por los deportes y su carrera. Antes de que su padre muriera, él hizo una promesa a su padre que el ganaría la competencia de carrera para él. Pasados dos años, este joven tuvo la oportunidad de competir en la final estatal. ¡Bum! El sonido de la pistola salió y este chico salió a las carreras. El chico tuvo un buen comienzo pero a mitad de carrera sintió un fuerte dolor en su rodilla. Estaba finalizando en el Segundo o tercer lugar y con un dolor extremo, pero debido a que el chico hizo una promesa a su padre, el decidió presionarse a sí mismo, aún con todo el dolor que experimentaba. El chico terminó en primer lugar como se lo había prometido a su padre.

Determina tú Por Qué

¿Cuál es el por qué que te permitirá ganar la carrera aun cuando duela? La historia de este chico enseña un gran principio que debemos aplicar a nuestras vidas.

Es un principio que me gustaría compartir contigo. El por qué que necesitas es mayor que tu ahora. Cuando se trata de manejar tus finanzas, las cosas pasarán para intentar desmotivarte en seguir adelante. Te animo a preguntarte a ti mismo ¿Cuál es tú por qué? ¿Qué es lo que quieres para liberarte de las deudas impagables? ¿Por qué quieres libertad financiera? ¿Cuál es el punto? Irás y miraras dentro de ti y buscarás la respuesta raíz. La respuesta raíz es el por qué y es necesario cuando los momentos difíciles emerjan. Este es el principio que desbloquea la estrategia de establecer metas correctas y establecerte a ti mismo hacia el éxito.

La Pasión en Ti

Me gusta referirme a tu porqué como la pasión dentro de ti. Es el combustible que te permite seguir avanzando. La determinación de su por qué se conecta a su visión. Tu visión es hacia dónde te diriges, dónde está tu ¿por qué te lleva? Para lograr su visión, hay un atributo crítico que se necesita y que es la disciplina. La disciplina es un factor importante cuando se trata de cumplir sus objetivos mientras persigue su visión. ¡Pero lo que es igual de importante como visión es la disciplina, porque tener disciplina te permitirá ejecutar tu visión y alcanzar el éxito que deseas!

Un ejemplo de esto es uno que puedas hayas escuchado. La Biblia declara que Jesucristo, el hijo de Dios, sufrió la cruz por el gozo que fue puesto delante de él (Hebreos 12: 2) el mismo Jesús atravesó el dolor, sufrimiento, agonía de muerte en la cruz por su porqué. Su porqué, su visión fue ver la humanidad reconciliada con nuevamente con Dios y tener la oportunidad de perdonar sus pecados a través de su vida, muerte, sepultura y resurrección. La meta de Jesús era traer de vuelta el Reino de Dios a la humanidad.

Ves, este concepto de determinar tu por qué necesita ser aclarado en ti cuando intentas cambiar y cumplir tus metas. La disciplina necesita ser un principio base que estarás aplicando en tu vida. Sin importar cual sea tu meta, si tu por qué es más grandioso que lo que pasarás, quizás seas un vencedor y ¡lograrás tus metas!

CAPÍTULO 3

Una Estrategia para Conocer tus Ingresos y Gastos

Ahora que hemos establecido una base adecuada para entender la función del dinero y determinar tu por qué para alcanzar sus metas, estamos listos para profundizar más con tus finanzas individuales. Aplicar una estrategia para conocer tus ingresos y gastos desbloqueará la información que necesita para administrar con éxito tus finanzas.

Cuando hablamos de administración financiera, es importante entender cuál es nuestra situación financiera actual y qué dinero tenemos disponible para nosotros. Como se mencionó en la introducción, "no puede aplicar a su vida lo que no sabe ni entiende". Esta es una verdad fundamental que conduce a una estrategia de conocer sus ingresos y gastos. Sorprendentemente, muchas personas que están luchando con sus finanzas no son conscientes de sus ingresos o gastos totales. ¿Cómo podemos administrar efectivamente nuestras finanzas, si no somos conscientes de lo que realmente tenemos? Por lo tanto, vamos a discutir la declaración de ingresos y gastos.

Entendiendo el Flujo de Efectivo

Una declaración de ingresos y gastos representa la entrada de dinero (es decir, los ingresos) a un individuo y la salida de dinero (es decir, los gastos). Recomiendo a todos los que buscan administrar mejor sus finanzas usar una declaración de ingresos y gastos. Esto se puede aplicar si son solteros o casados. Recomiendo esto porque en lugar de implementar solo un presupuesto, un individuo debe tratarse como si estuvieran dirigiendo un negocio. Su vida es como un negocio. Una declaración de ingresos y gastos ayuda a un individuo a ser un mejor administrador y a tener en cuenta lo que ha estado produciendo y gastando. Esta declaración es importante para cada individuo porque nos llevará a comprender adecuadamente qué flujo de efectivo negativo o positivo queda al final del mes. El flujo de efectivo se define como ingresos menos gastos. Este número puede ser positivo o negativo. Una razón por la cual las personas se endeudan más cada año es debido a un flujo de caja negativo.

Para crear su estado de ingresos y gastos:

1. Anote todos sus ingresos mensuales; Si está casado, haga esto con su cónyuge.

2. Anote todos sus gastos mensuales.

3. Resta tus gastos mensuales de tus ingresos mensuales.

4. Este es su flujo de efectivo positivo o negativo.

Vea el siguiente ejemplo de la ecuación apropiada:

1. Ingreso mensual: 3700$
2. Gastos mensuales: 2550$
3. Flujo de efectivo mensual positivo: 1150$

Ahora que ha identificado su número de flujo de efectivo mensual, podemos usar esto cuando discutimos cómo dominar un presupuesto. Este número de flujo de caja es lo que realmente hace, después de todos los gastos necesarios. Lo que haga con este flujo de efectivo positivo determinará si sus finanzas se administrarán de manera adecuada o deficiente.

CAPÍTULO 4

Una Estrategia para el Manejo de tu Presupuesto

Muchas veces, oímos hablar de presupuestos, pero nunca nos sentamos a estudiar qué es realmente un presupuesto. En este capítulo, mi deseo es explicar el propósito de un presupuesto y compartir algunas herramientas que puede aplicar a su vida para mejorar su presupuesto. Un presupuesto es importante al administrar nuestras finanzas. Sirve como un plan o estimación para que su flujo de efectivo mensual se administre adecuadamente.

Ahorros Automáticos

Tener un presupuesto es una estrategia importante cuando se piensa en ahorrar dinero para futuras inversiones y metas. Una vez que identifique su flujo de efectivo positivo y se siente para planificar adecuadamente lo que hará con su flujo de efectivo positivo, los ahorros siempre vendrán a la mente. Recomiendo usar un porcentaje para determinar cuánto ahorrará de su flujo de caja positivo mensual. Ahora esto no es una cantidad fija de lo que debe ahorrar. Esto depende totalmente de su discernimiento y sus metas. Recomiendo ahorrar un 20-30% de su flujo de caja positivo.

Si tiene un plan 401K con su empleador, le recomendaría ahorrar al menos el 7% de su salario. Recuerde que una vez que establece sus deducciones 401K, son automáticas y se retiran de su cheque de pago antes de que el ISR le cobre impuestos. En otras palabras, está ahorrando más de su dinero duramente ganado. Recomiendo el 7%, pero sea cual sea el porcentaje que elija para guardar, recuerde que esta es una estrategia que lo ayudará a prepararse y planificar su futuro. También es importante tener en cuenta que existen otras alternativas a un 401K que recomendaría encarecidamente, pero el principio importante es que está ahorrando automáticamente.

Los ahorros automáticos llevarán la tarea de transferir dinero a otra cuenta inmediatamente. También recomendaría pagar gastos como este de igual forma, Por ejemplo, su hipoteca o alquiler, seguro de automóvil, teléfono celular o pequeños servicios públicos. Esto le ayudará a ahorrar tiempo y cumplir con su presupuesto. Existen innumerables programas que le permiten ahorrar dinero automáticamente y también invertirlo para usted. Domine su presupuesto configurando pagos automáticos y un plan de ahorro que se ajuste a su presupuesto. Recuerde que contar con un sistema de ahorro automático en su planificación financiera le ahorrará tiempo y dinero.

También es importante tener un fondo de emergencia de al menos 1,500$ cuando piense en realizar un presupuesto. Este fondo debería tener un acceso fácil para cuando se presente una verdadera emergencia. Es mejor estar preparado en caso de que ocurra algo y luego ser sorprendido y endeudarse para pagar una emergencia. Muchos expertos financieros recomiendan tener un costo de vida de 6 a 10 meses ahorrado solo en caso de una emergencia grave.

Diagrama de Asignación del Dinero

La asignación es la acción o proceso de distribuir algo. El dinero debe distribuirse adecuadamente cuando se planifica un presupuesto. He creado un diagrama de asignación de dinero para propietarios de negocios que describe la asignación adecuada para una gestión financiera efectiva. Si no eres propietario de un negocio, este diagrama todavía es para ti. Solo cambia los porcentajes de asignación a lo que mejor se adapte a ti. Recomiendo porcentajes de 10 | 30 | 60, que simplifican la asignación en las finanzas personales: 10% para el diezmo, ya que es importante dar al buscar el éxito financiero; El 30% es para pagar deuda, ahorro e inversión; y 60% para gastos de manutención.

Ejemplo de Asignación del Dinero

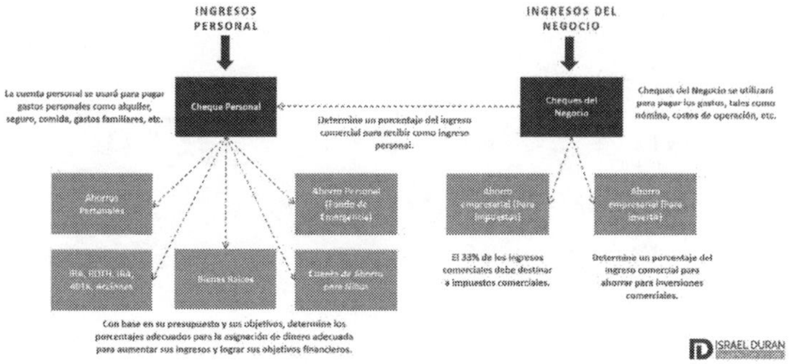

CAPÍTULO 5

Una Estrategia para Salir de Deudas Impagables

Hay un dicho que dice "antes de que algo fuera grande, era pequeño". En otras palabras, para llegar a lo grande primero debes enfocarte en lo pequeño. Cuando se trata de salir de la deuda, la mayoría de las personas se desaniman porque miran las grandes cantidades que deben y pasan por alto las pequeñas cantidades que también adeudan. Esta es la razón por la que cuando algunas personas van a la tienda, no les importa recoger artículos pequeños, como una barra de chocolate y un chicle. En la opinión de la gente, dicen, bueno, es solo un dólar, y después de todo, unos pocos dólares no harán una diferencia, ¿verdad? Si esos pocos dólares adicionales se destinan al pago de su deuda cada mes, estaría mejor económicamente.

Al configurar un plan para pagar las deudas incobrables, es importante centrarse primero en las deudas pequeñas y luego en las grandes. Esta declaración es la base de una estrategia que llamo el acelerador de la deuda. Esta estrategia está diseñada para ayudarlo a eliminar la deuda a un ritmo rápido. Por eso lo llamo el acelerador de la deuda, ya que es una estrategia para acelerar la eliminación de la deuda. Digamos que tienes 4 tarjetas de crédito diferentes que quieres pagar. La primera tarjeta de crédito que debe es de 400$, la segunda de 8004, la tercera de 2000$ y la cuarta de 5000$. El acelerador de deudas le permitirá realizar pagos consistentes en todas sus deudas. La deuda que le sugerimos que pague primero se llama su cuenta objetivo. Esta sería la primera tarjeta de crédito porque lleva la menor cantidad de deuda. Una vez que liquidamos la cuenta de destino, reinvierte la cantidad que estaba pagando para su próxima cuenta de destino. Como cada deuda se paga, continúas este proceso.

El acelerador de deudas le permite realizar el mismo pago mensual total para todas sus deudas y funciona mejor cuando no acumula nuevas deudas. Este proceso continúa hasta que haya pagado todas sus deudas. Es emocionante cuando elimina cada deuda porque la eliminación de su deuda se acelera. Pagar la deuda más pequeña también lo mantiene motivado para continuar. ¡Cuando termine de pagar sus deudas, puede aplicar el monto que estaba pagando a su deuda para crear riqueza e independencia financiera!

Buena Deuda Versus Mala Deuda

Es emocionante tener un plan para salir de una deuda incobrable, pero ¿Cómo puede comprender qué diferencia hay entre una deuda mala y una deuda buena? Definir mala y buena deuda le dará una mejor comprensión de cómo implementar el acelerador de deuda en su vida.

Una deuda buena es una deuda que le hace ganar dinero o aumenta su flujo de efectivo mensual. Un ejemplo de deuda buena sería una deuda comercial. Un ejemplo de deuda comercial sería obtener un préstamo comercial para comprar inventario, con el fin de vender y aumentar las ventas. A pesar de que usted tiene un préstamo de capital, es para la expansión y el aumento de las ventas. La deuda incobrable se define como la deuda que le cuesta dinero o disminuye su flujo de efectivo mensual. El mejor ejemplo de deuda incobrable es la deuda personal de la tarjeta de crédito. La deuda de tarjeta de crédito generalmente se conoce por las altas tasas de interés, esta alta tasa de interés le está costando más dinero para usar la tarjeta de crédito en sí. Esta forma de deuda no le hace ganar dinero, pero le cuesta dinero. Al definir la deuda incobrable y la deuda buena, también es importante explicar la diferencia entre los activos y los pasivos.

Entender los Activos y Pasivos

La deuda buena y la deuda mala están estrechamente vinculadas a una mejor comprensión de los activos y pasivos. Los activos se definen como elementos que son de propiedad y tienen valor, lo que aumenta su flujo de efectivo mensual. En mi opinión, un activo es cualquier cosa que aumentaría sus ingresos, como una vivienda multifamiliar, que le brinda algún ingreso adicional mensual que está rentando, o quizás inversiones en acciones en el mercado de valores que pagan dividendos. Un dividendo es un pago de ganancias que se divide entre todos los accionistas de una empresa. Muchas personas usan sus dividendos para reinvertir en esas acciones o usar las ganancias para pagar la deuda existente.

Los pasivos se definen como obligaciones o elementos que se deben a otros. Las responsabilidades son totalmente opuestas a los activos. Un ejemplo de responsabilidad podría ser una vivienda unifamiliar que no haya pagado en su totalidad. La hipoteca es un pasivo ya que aumenta sus gastos mensuales. Alternativamente, una casa multifamiliar le generaría ingresos adicionales cada mes, mientras que una casa unifamiliar que no se paga por completo, le cuesta dinero. Al pensar en el acelerador de la deuda, es vital pensar en dónde estamos gastando nuestro dinero. ¿Estamos gastando nuestro dinero en pasivos o estamos gastando nuestro dinero invirtiendo en activos?

CAPÍTULO 6

Estrategia para Restaurar su Puntaje de Crédito

Como se mencionó en la introducción, la deuda es extremadamente alta en los Estados Unidos hoy en día, y la deuda afecta directamente el puntaje crediticio de muchos. Hoy en día, los puntajes crediticios de muchas personas se encuentran en un nivel extremadamente bajo, debido a la falta de educación sobre cómo funciona el crédito. Si las personas no saben o no entienden el crédito, no podrán usarlo correctamente. Dado que pocos sistemas educativos enseñan sobre el puntaje de crédito y cómo funciona el crédito, qué podemos esperar, excepto el mal manejo del crédito.

Por lo tanto, es importante incluir este capítulo, le ayudará a educarlo sobre el crédito y cómo funciona, así como a darle una estrategia para ayudarlo a recuperar su puntaje de crédito y mantenerlo. ¡Ésta es otra estrategia importante para implementar su camino para desbloquear el éxito financiero! Muchas personas piensan que no es necesario restaurar o mantener un buen crédito cuando tienen dinero, pero los siguientes párrafos explicarán por qué es importante.

Cuando pensamos en el manejo financiero, debemos expresar la importancia del crédito. El crédito es la capacidad de un cliente para obtener bienes o servicios antes del pago, según la confianza de que el pago se realizará en el futuro. Es importante no usar el crédito para endeudarse más, sino ser responsable si su puntaje de crédito es bajo debido a las deudas impagas. Tener integridad es clave a la hora de restaurar su puntaje de crédito porque desea estar en buena posición con cualquier persona que debe.

Las Tres agencias de Reporte de Crédito

Hay tres agencias principales de informes de crédito diferentes que mantienen un registro de su historial de crédito conocido como informe de crédito. Estas tres son: Experian Credit Bureau, TransUnion® y Equifax®. Su puntaje de crédito se basa en la información de su informe de crédito en el momento en que se solicita. Hay varios sitios web y organizaciones en línea donde puede obtener su crédito. Un sitio web, CreditKarma.com, proporciona un servicio gratuito de control de crédito que recomendaría para empezar. No hay suscripción de prueba y nunca tendrás que dar tu número de tarjeta de crédito. Credit Karma le permite supervisar la puntuación de su informe de crédito TransUnion y Equifax sin costo alguno.

En CreditKarma.com tu información de reporte de crédito At CreditKarma.com es actualizada semanalmente. A través del monitoreo de tu puntaje de crédito, puede recibir alertas cuando se sospecha una actividad inusual en cualquiera de sus dos informes de crédito. Si bien el servicio es gratuito, uno de los inconvenientes es que no tendrá acceso a uno de sus informes de crédito y puntajes de crédito. Deberá usar otro servicio para monitorear su tercer informe de crédito de Experian.com. Esto no es un problema porque Experian.com tiene una suscripción de prueba donde puede obtener su puntaje de ellos.

Los siete Factores del Crédito

Una vez que obtenga sus puntajes de crédito de CreditKarma, revíselos e identifique qué está afectando negativamente su puntaje de crédito, así como qué está afectando positivamente su puntaje de crédito. Los siete factores o áreas principales que afectan su crédito son los siguientes:

1. Historial de pagos
2. Registros públicos.
3. Duración del historial de crédito
4. Nuevas cuentas

5. Consultas

6. Cuentas en uso.

7. Mezcla y tipos de crédito

Lo animaría a planificar los pasos de acción para cada factor que afecte negativamente su puntaje de crédito. Haga esto desde el primer al séptimo factor. Pase por cada una de estas áreas dentro de sus informes de crédito y resalte las áreas donde puede mejorar. Por ejemplo, revise su historial de pagos y comience a pagar el pago mensual mínimo a tiempo si aún no lo está haciendo. Si tiene cuentas en colecciones que están llegando a sus registros públicos, comuníquese con la organización para elaborar un plan de pago. A veces están dispuestos a negociar un monto de liquidación acordado. Repase cada área y corrija la causa raíz de la disminución de su crédito. Una vez que revise estas siete áreas principales de su puntaje de crédito, incluido el pago de su deuda a tiempo, su puntaje de crédito comenzará a mejorar. Esto le ayudará a moverse en la dirección correcta para restaurar su puntaje de crédito. Recuerde que la integridad es un principio fundamental cuando se restaura algo en la vida.

La Importancia del Crédito Apalancado

Ahora tiene una estrategia para mejorar y restaurar su puntaje de crédito. Es importante tener una estrategia para implementar su puntaje de crédito al administrar sus finanzas. Hoy, el crédito se usa casi para todo. Por ejemplo, al solicitar el alquiler de un apartamento, el propietario generalmente solicita un puntaje de crédito para ver si puede ser aprobado para el apartamento. Al postularse a empleos, cada vez más empleadores verifican el puntaje de crédito de los empleados potenciales. Espero que puedan ver la importancia de aprovechar el crédito en su vida.

Veamos un ejemplo de dos individuos. La persona número 1 tiene un buen puntaje de crédito y ha sido fiel en el pago de sus deudores o de las personas que debe. La persona número 2 no ha sido fiel en el pago de la deuda y ha acumulado una gran cantidad de deuda de tarjeta de crédito que ha afectado directamente su puntaje de crédito. Imagínese si ambas personas solicitaran el mismo trabajo y tuvieran las mismas calificaciones para el trabajo. ¿Quién crees que se destacará entre los dos si el empleador está revisando el puntaje de crédito para medir la integridad? La persona número 1 se destacaría y tendría más posibilidades de conseguir el trabajo. Escribo esto para animarlo a tomar los pasos para restaurar su crédito, ¡Esto lo ayudará a aprovechar su crédito mientras busca administrar mejor sus finanzas!

CAPÍTULO 7

Una Estartegia para Producir Dinero

Alguien dijo una vez que el dinero no crece en los árboles. Sin embargo, las frutas provienen de los árboles, y si usted vende la fruta que cae del árbol, puede ganar dinero. En otras palabras, el dinero puede venir de los árboles. Me gusta compartir esto porque resalta la perspectiva y la mentalidad. En este capítulo, compartiré una estrategia que le permitirá producir dinero. O, más bien, algunos principios que ayudarán a desbloquear ideas y cambiar su perspectiva sobre cómo puede producir dinero.

Creación de Negocio

La creatividad es un concepto del que carece este mundo. Nos enseñan desde el nacimiento a hacer las cosas de cierta manera, y si no lo haces de esta manera, estás equivocado. Creo que esta ideología es un obstáculo para la sociedad actual porque limita el potencial de nuestra creatividad. Por esta razón, estoy escribiendo sobre la creación de empresas. La creación de negocios es la estrategia para producir dinero y generar riqueza. Una empresa se define como la actividad de ganarse la vida o ganar dinero produciendo o comprando y vendiendo productos (bienes y servicios). En pocas palabras, una empresa resuelve problemas a través de un producto o servicio y produce dinero a través de ese sistema.

Al desarrollar sus finanzas, tener un negocio es fundamental para aumentar la productividad y crear riqueza. Esto se debe a que una empresa puede ser un sistema que funciona para que usted resuelva problemas o satisfaga una necesidad. Una empresa puede convertirse en un activo que le genere ingresos mensuales. Una empresa puede aumentar la productividad en su vida en comparación con tener un trabajo de 9 a 5. Hay un sinfín de oportunidades cuando tiene un sistema que funciona para usted, en comparación con estar limitado en un trabajo de 9 a 5. Tener de este tipo no es malo, pero no te permite ser productivo para ti mismo, estás construyendo el sueño de alguien más. Por esta razón, aliento a cada uno de ustedes que está leyendo este libro, porque tienen talentos, dones y pasiones que se pueden usar en los negocios para resolver problemas o satisfacer las necesidades de las personas. Cuando resuelves estos problemas y sirves a la gente, el dinero te encontrará; ¡Y eso es una estrategia!

Desarrollo de Soluciones

Resolver un problema parece fácil para el oído, pero este mundo enfrenta muchos problemas. Desde los problemas políticos, a los problemas sociales, religiosos y gubernamentales, este mundo necesita que usted se ponga de pie con soluciones y lidere el camino para un cambio mejor. ¿Por qué no ayudar a convertirte en una solución a un problema y liberar todo tu potencial en la tierra? Esta es la razón por la cual el desarrollo de soluciones es otro principio para ganar dinero. ¿Cuál es el punto de tener mucho dinero, pero no ayudar a nadie con la abundancia? Les digo la verdad, el dinero va a aquellos que resuelven problemas y aquellos que satisfacen las necesidades de las personas. En mi vida, vivo según el principio de buscar primero el reino de Dios y su justicia. Al buscar el gobierno de Dios, me estoy convirtiendo en parte de la solución para este mundo, porque el reino de Dios es la solución a los problemas de la humanidad. En la vida, todos tenemos que decidir si seremos parte de los problemas de este mundo o seremos parte de la solución de este mundo.

Te animo a que pienses en un problema que enfrentaste en la vida. Te animo a que pienses en algo que no te gusta u odias. Sea lo que sea, te animo a ser la diferencia y convertirte en la solución al problema que odias. Cuando identifique lo que odia, identificará el problema al que está llamado a resolver. Cuando comiences a usar tu don para resolver esos problemas en la vida, la satisfacción que has estado buscando te encontrará. Cuando piense en hacer dinero, no persiga dinero. ¡Persiga las ideas que resuelven problemas y el dinero le llegará!

Ideas de Inversión

La idea de inversión siempre ha existido. La inversión es cuando se planta algo y posteriormente se cosechará. Tiene la idea de sembrar y cosechar; solo piensa en una semilla cuando plantas una semilla, toma tiempo para que esa semilla crezca. Asimismo, las inversiones no se benefician de la noche a la mañana. Cuando pensamos en ideas de inversión, necesitamos tener la mentalidad de plantar y crecer. Las semillas no crecen en un solo día, aunque a veces cuando invertimos, esperamos que lo haga. Nuestra mentalidad cuando pensamos en producir dinero con inversiones debe estar orientada al crecimiento a largo plazo. Existen algunas ideas de inversión que darán un rendimiento instantáneo, pero generalmente también tienen un alto riesgo. Esto se debe al hecho de que una alta recompensa generalmente conlleva un alto riesgo.

Cuando pensamos en producir dinero y administrar nuestras finanzas, necesitamos tener la mentalidad del inversor. La mentalidad de plantar y cosechar. Te animo a pensar en ideas de inversión. Algunos tipos de inversiones serían acciones, bienes raíces, comenzar un negocio, crear un producto, etc. Hay oportunidades infinitas por ahí. Si necesita ayuda para intercambiar ideas sobre inversiones o si desea aprender diferentes estrategias de inversión, visite nuestro sitio web para obtener más recursos. Muchas personas utilizan las inversiones como una herramienta o un vehículo para convertirse en financieramente libres o en ricos. Esto es posible porque las inversiones ganan intereses, lo que se necesita para "hacer crecer" el dinero, ya que la inflación hace que disminuya el poder adquisitivo del dólar.

Tal vez esto vaya de la mano con la creación de negocios y el desarrollo de soluciones, pero la inversión es cuando su dinero produce dinero para usted. Siempre animo a los individuos a invertir en ellos mismos. No se sabe qué retorno recibirá al invertir en usted mismo, como leer libros como este. Estás leyendo este libro ahora, pero quizás estés escribiendo uno pronto o estás escribiendo uno ahora. Tal vez este libro lo aliente a pensar en una idea multimillonaria o más bien en una solución multimillonaria. Te animo a seguir invirtiendo en ti mismo. Es una inversión que se verá recompensada al tratar de administrar mejor sus finanzas y alcanzar un mayor nivel de éxito.

Al igual que la semilla que tiene el potencial de crecer dentro de sí misma, tu potencial está dentro de ti. Los libros u otros recursos de desarrollo personal como este ayudan a desbloquear todo tu potencial para liberar todo tu potencial en la tierra. Eres una solución para esta generación. ¡Te animo a que te asocies con Dios y su reino para liberar tu propósito y su llamado a la tierra!

Pensamientos Finales

Los principios siguen siendo los mismos, pero las estrategias se desarrollan. Los principios y estrategias que he compartido en este libro son importantes y seguirán siendo los mismos, pero las estrategias para aplicarlos pueden variar. Le animo a aplicar estos principios en su vida para administrar mejor sus finanzas. Muchas personas leen muchos libros como estos pero nunca aplican lo que aprenden. La lectura es importante, pero la aplicación es mucho más importante. Cuando apliques estos principios en tu vida y utilices las estrategias que aprendiste en este libro, desbloquearán el potencial que hay dentro de ti.

Mi deseo es que ahora tenga una mejor comprensión de la función y el propósito del dinero en la tierra, de modo que pueda respetar las finanzas que pasan por sus manos para administrarlas mejor. Al establecer sus metas, es importante que su por qué sea más grande que lo que pasará para superarla. Recuerde que todo lo que necesita es una idea o solución para poder hacer una diferencia en este mundo y producir dinero para usted mismo.

Para obtener más información sobre la gestión financiera, la vida libre de deudas o el desarrollo de un negocio, ¡asegúrese de visitar mi blog en mi sitio web! Ya sea que usted sea propietario de un negocio o una persona que quiera desarrollar un negocio, contamos con servicios específicos que lo ayudarán a alcanzar su próximo nivel. Ofrecemos servicios para aquellos que necesitan superar algunos obstáculos y están buscando un entrenamiento individual sobre cómo construir un negocio o desarrollar una idea de negocio. ¡Comuníquese y permítanos ayudarlo a identificar los pasos correctos para que pueda lograr su visión! ¡Visite https://IsraelDuran.Com/Services y programe su sesión hoy!

Ejemplo de Estado de Flujo de Efectivo - Ingresos y Gastos

		<-- Ingrese los datos en esta columna		
INGRESO BRUTO POR MES			$0	
	Salario			
	Interesar			
	Dividendos			
	Seguridad Social			
	VA Beneficios			
MENOS:				
1	**Diezmo - Rico hacia Dios**		$0	10% +
2	**Ahorros - Ahorra para Invertir**		$0	5% +
3	**Impuesto (Est. - Federal, Estata**		$0	
	INGRESOS NETOS PERCIBIDOS		$0	
4	**Alojamiento**		$0	
	Hipoteca (alquiler)			
	Seguro			
	Impuestos			
	Electricidad			
	Gas			
	Agua			
	Saneamiento			
	Teléfono			
	Mantenimiento			
	Otro (____________)			
	Otro (____________)			
5	**Comida**		$0	
6	**Automóviles**		$0	
	Pagos			
	Gas y petróleo			
	Seguro			
	Licencia / Impuestos			
	Mantenimiento / Reparación			
	Reemplazar			
7	**Seguro**		$0	
	Vida			
	Médico			
	Otro (____________)			
8	**Deudas**		$0	
	Tarjeta de crédito			
	Préstamos y notas			
	Otro (____________)			
	Otro (____________)			

		<-- Ingrese los datos en esta columna	
9	**Entrar. /Recreación**		$0
	Comer fuera		
	Niñeras		
	Ocupaciones/Excursiones		
	Vacaciones		
	Otro (____________)		
	Otro (____________)		
10	**Ropa**		$0
11	**Gastos Médicos**		$0
	Doctor		
	Dentista		
	Ortodoncista		
	Otro		
12	**Diverso**		$0
	Artículos de tocador, cosméticos		
	Belleza, peluquero		
	Lavandería, limpieza		
	Asignaciones, Almuerzos		
	Suscripciones		
	Regalos (incluye Navidad)		
	Efectivo		
	Cable/Internet		
	Otro (____________)		
	Otro (____________)		
13	**Inversiones**		$0
14	**Escuela / Cuidado de niños**		$0
	Matrícula		
	Materiales		
	Transporte		
	Guardería		
	Otro (____________)		
	GASTOS TOTALES		$0
INGRESOS VERSUS GASTOS			
	Ingresos netos y confiables		$0
	Menos gastos		$0
	FLUJO DE EFECTIVO Positivo o Negativo		$0
15	**Ingresos sobrantes no asignados**		

15 - Esta categoría se usa cuando se reciben ingresos excedentes. Esto permanecería en la cuenta de cheques to be used within a few weeks; otherwise, it should be transferred to an allocated category

Página de Notas

Contact Israel

Para interactuar con Israel a través de Facebook y Twitter, visite

IsraelDuran.com

Si está interesado en aprender más, visite nuestro blog para obtener información gratuita en

IsraelDuran.com/Blog

Para reservar a Israel para un discurso, envíe un correo electrónico a

info@israeldduran.com

Made in the USA
Monee, IL
04 November 2026

67382373R00026